Glaube, der mich trägt

REINHARD KÖRNER

Glaube, der mich trägt

Ein persönliches Bekenntnis

Mit Bildern aus dem Land der Bibel

benno
VERLAG

Inhalt

Vorwort

Unter dem Titel *Hoffnung, die mich erfüllt* ist dieses Buch schon einmal erschienen. In zweiter Auflage, die bereits nach wenigen Monaten notwendig wurde, gibt es der St. Benno Verlag nun als illustrierte Ausgabe heraus. Es wurde nicht nur für Christen geschrieben und wird, wie sich am Echo zeigt, tatsächlich nicht nur von Christen gelesen. Ganz gleich also, ob Sie Mitglied einer Kirche sind oder einer der großen Weltreligionen angehören, ob Sie, ohne religiös gebunden zu sein, an „etwas Höheres" glauben oder sich zu den Atheisten zählen – Sie sind herzlich eingeladen weiterzulesen. Keine Sorge, dieses Buch will niemanden „überzeugen"! Es wendet sich an Leser und Leserinnen, die gern einmal die „Innenseite" des Christentums kennenlernen wollen, die wissen möchten, wie ihre christlichen Mitmenschen denken und fühlen und wie sie *in ihrem Herzen* mit der Religion umgehen, zu der sie sich bekennen. Dazu finden Sie hier einen freilich sehr persönlichen Beitrag: Ich möchte Ihnen sagen, wie *ich* – einer Ihrer christlichen Zeitgenossen – meinen Glauben verstehe und was mir die „Hoffnung" bedeutet, die uns Christen erfüllt. Zugegeben: Dieser Glaube ist mir ungeheuer kostbar, es ist ein *Glaube, der mich trägt* (wie der neue Titel sagt, den der Verlag dieser Ausgabe gegeben hat), und ich wünschte ihn jedem Menschen, jedem wenigstens ein bisschen davon...

Was Sie in den Händen halten, ist kein Katechismus, der die kirchliche Glaubenslehre umfassend darstellt und erläutert. Das mögen vor allem die christlichen Leserinnen und Leser berücksichtigen. Das, was ich hier niedergeschrieben habe, darf ergänzt, weitergedacht und vertieft werden. Wenn es Ihnen hilft, sich des Glaubens bewusst zu werden, wie *Sie* ihn im Herzen haben, wenn es Sie vielleicht sogar dazu anregt, in stillen Stunden Ihr *eigenes* Credo zu formulieren, wäre das Ziel, das ich mit der Veröffentlichung meines persönlichen Glaubensbekenntnisses verfolge, erreicht.

In der langen Menschheitsgeschichte, die, so weit wir zurückblicken können, eine Geschichte der Religion(en) ist, haben die Bäume immer eine besondere Symbolkraft gehabt. Im Baum kann der Mensch sich selbst wiedererkennen. Ein Büchlein meines evangelischen Freundes Eckart Winter (Ich sehe die Menschen wie Bäume, Claudius Verlag 1999) hat erst kürzlich auch mir das Ohr für die Sprache dieser stummen Mitgeschöpfe geöffnet. „Es gibt Orte", so schreibt er, „an denen wir wachsen und gedeihen, und es gibt Orte, an denen wir verwelken und unser Leben fruchtlos wird. Wo finden wir einen guten Standort für uns als Baum?" (ebd. 16). *Der Baum auf dem Titelbild* steht in Sichtweite von Bethlehem, nahe bei dem Ort, der im Volk Israel über Jahrhunderte hin eng mit der Hoffnung auf den Messias verbunden war und der aufgrund der Einleitungskapitel des Matthäus- und des Lukasevangeliums seit nunmehr zweitausend Jahren als Geburtsort Jesu verehrt wird. Den Standort in der Hoffnung Israels einnehmen und in dem Glauben „Wurzeln schlagen", den Jesus von Nazaret verkündet und vorgelebt hat – ein treffendes Bild für das, worum es in diesem Buch gehen soll.

Auch die Fotos auf den folgenden Seiten führen Sie ins Land der Bibel. Einige hat der Verlag zur Verfügung gestellt, andere sind auf meinen Reisen nach Israel und Palästina entstanden, die meisten davon, als wir zusammen mit den Mitgliedern der „Teresianischen Karmel-Gemeinde Birkenwerder", einer Laiengemeinschaft unseres Ordens, das Ursprungsland unseres Glaubens kennenlernen wollten. Dieser Gemeinschaft, denen, die mitreisen konnten, und denen, die zu Hause bleiben mussten, sei das Buch gewidmet.

Es war selten eine der vielen Kirchen im Heiligen Land, die uns beeindruckte; manche dieser Gebäude – allen voran die Grabeskirche in Jerusalem – ließen eher die Frage zurück: Was hat man nur mit dir gemacht, Jesus? Beeindruckt und im Glaubensverständnis bereichert aber hat uns die Landschaft, in der sich einst ereignete, wovon die Schriften des jüdischen Volkes und der frühen Christen sprechen; dazu die Ausgrabungsstätten, an denen uns die Archäologen zurück in die Geschichte blicken lassen; vor allem aber die Menschen, denen wir begegnet sind – „orthodoxe" und „säkularisierte" Juden, islamische und christliche Palästinenser, überzeugende und frag-würdige Gläubige aus den vielen in Israel ansässigen Konfessionen der weltweiten Kirche. Und nicht zuletzt sind wir, die kleine Gemeinschaft der Reisenden, einander zum Erlebnis und zur Glaubenserfahrung geworden.

Karmel Birkenwerder, Weihnachten 1999

Reinhard Körner OCD

Hinführung

Wenn ich an einem Buch arbeite oder einen Zeitschriftenartikel schreibe, liegt gewöhnlich eine halbe Bibliothek ausgebreitet um mich herum. Ich schlage nach, lese hier und lese dort, suche die Belegstellen und das passende Zitat ... Diesmal war es anders. Der schmale Tisch, an dem ich die folgenden Seiten in den Laptop zu tippen begann, war leer. Ich hatte einen dreiwöchigen Kuraufenthalt vor mir, und als ich in der etwas abgelegenen Kleinstadt anreiste, war kein einziges theologisches Buch in meinem Gepäck. Ich hatte mir vorgenommen, einmal in Ruhe (soweit es das Behandlungsprogramm zulassen würde) meinen Glauben aufzuschreiben: *meinen* Glauben – so, wie ich ihn in meinem Verstand und in meinem Herzen habe, nicht wie er in den vielen Büchern steht ...

„Rede und Antwort stehen"

Die Idee zu diesem Vorhaben war mir schon vor einigen Jahren gekommen. Damals nahm an einem meiner Kurse, die ich im Gästehaus unseres Klosters zu Themen des geistlichen Lebens halte, ein katholischer Theologieprofessor teil. In einer Gesprächsrunde erzählte er, dass ihm die religiöse Einstellung vieler seiner Studenten zunehmend Sorge bereite. Wenn er mit den jungen Leuten über Glaubensfragen spreche, so der Professor, erhalte er fast durchweg „angelesene" Antworten. Die angehenden Religionslehrer, Pastoralreferenten und Priester wüssten zwar recht gut die Lehre der Kirche und die theologischen Reflexionen darüber wiederzugeben, wären aber kaum in der Lage zu sagen, wie, warum und was sie *selber* glaubten. – Meine Kursteilnehmer in der Runde, gestandene Frauen und Männer mit zumeist kirchlichen Berufen, hatten nach diesem Gesprächsbeitrag lange geschwiegen, von den Worten des Professors sichtlich zum Nachdenken gebracht. Einer sagte schließlich, in das Schweigen hinein: „Mal ehrlich: Ich weiß nicht, ob *ich* dazu in der Lage wäre ..."

Jedenfalls waren wir uns damals bald darüber einig: Nicht der „Glaube der Kirche", sondern erst der zum *persönlichen Glauben* gewordene Glaube der Kirche hat die Kraft, das Leben zu tragen. Wir laufen sonst mit einer bloßen Theorie im Kopf herum, „fromm draufgesetzt" (so ein Kursteilnehmer) und ohne wirklichen Bezug zur eigenen Existenz. Und was wir anderen davon weitergeben – das vor allem war die Sorge unseres Professors, seine künftigen Glaubensverkünder vor Augen –, wird folglich arg nach verstaubter Ideologie riechen oder gar nach einer Art „Parteidoktrin".

Natürlich ist der christliche Glaube, auch das war uns klar, nicht „reine Privatsache"; schon gar nicht kann er auf die subjektive Fassungskraft des Einzelnen reduziert werden. Und doch dürfen ihm das „Private" und das „Subjektive", nämlich die individuelle Aneignung, die ganz persönliche Stellungnahme und die eigene, existentielle Verinnerlichung nicht fehlen. Eine Kursteilnehmerin erinnerte uns in diesem Zusammenhang an das frühchristliche Bibelwort: *„Seid stets bereit, jedem Rede und Antwort zu stehen, der nach der Hoffnung fragt, die euch erfüllt; aber antwortet bescheiden und ehrfürchtig ..."* (1 Petr 3, 15f).

Rede und Antwort stehen über den Glauben – bin ich dazu in der Lage? Rede und Antwort über die Hoffnung, die *mich* erfüllt, ganz persönlich mich ...; authentisch und ehrlich, ohne mich zu verstecken hinter den theologischen Richtigkeiten der kirchlichen Lehre ...; *bescheiden*: einfach und klar, mit meinen eigenen Worten, ohne mich abzusichern mit den traditionellen Vokabeln der Kirchensprache ...; *jedem*: so, dass auch der mich verstehen kann (wenn er möchte), dem die kirchliche Binnensprache fremd ist ...; *zu jeder Zeit*: aus dem Stand heraus, ohne erst im Katechismus nachzuschlagen oder in gelehrten Schriften ...; und *ehrfürchtig*: in Ehrfurcht und Toleranz gegenüber Menschen, die anders denken und anders glauben, in Ehrfurcht aber auch vor der Wirklichkeit, die die Worte des Glaubens, die alten und die neuen, meinen, wenn sie von Gott, vom Menschen, vom Geheimnis des Daseins sprechen ... – Bin ich, bin *ich* dazu in der Lage? – Seit jenem Gesprächskreis hat mich diese Frage nicht mehr losgelassen.

Die Gelegenheit schien günstig. Ohne dass ich zu den Büchern und Zeitschriften unserer kleinen, aber gut ausgestatteten Klosterbibliothek Zuflucht nehmen konnte, wollte ich mich vor die Frage stellen: Wie, warum und was glaube ich, Reinhard Körner, heute, im 48. Lebensjahr, nach 22 Jahren pastoraler Tätigkeit als katholischer Priester, im 17. Jahr meines Ordenslebens in einem Klosterkonvent des Teresianischen Karmel, nach fast 30 Jahren ziemlich intensiver Beschäftigung mit der Bibel, mit der Glaubenslehre der Katholischen Kirche, mit „alter" und mit „moderner" Theologie ...? Und ich wollte so über meinen Glauben schreiben, dass mich, wenn auch nicht „jeder", so doch wenigstens meine christlichen wie auch meine nicht- oder andersgläubigen Freunde, an die ich bei der Niederschrift dachte, ohne theologisches Wörterbuch verstehen können. Ich wollte als der *christliche Mitmensch*, nicht als ein „kirchenamtlich" sprechender Priester, zu formulieren versuchen, wie ich den christlichen Glauben verstehe und was mir daran kostbar ist. Ich wollte vor allem *ehrlich* davon schreiben – so, wie ich wirklich glaube, ohne ängstlich Wahrheiten zurückzuhalten oder zu verklausulieren, um die ich als Theologe weiß, und mit dem Mut, es hinzunehmen, wenn mich der eine oder andere Leser für „nicht mehr ganz katholisch" halten sollte oder anderen zu „konservativ" und zu „fromm" erscheint, wie ich als ein Mensch unserer „postmodernen Zeit" denke und eingestellt bin.

Ich glaube ...

Was ich mir da vorgenommen hatte, haben natürlich schon viele andere getan. Den Glauben zum persönlichen Bekenntnis machen und dieses persönliche Bekenntnis mit eigenen Worten ausdrücken, das hat Tradition im Christentum von Anfang an. Selbst das *Apostolische Glaubensbekenntnis*, im 5. Jahrhundert in der Gemeinde des damaligen Rom entstanden und seit dem 10. Jahrhundert einer der *offiziellen* Bekenntnistexte der abendländischen Kirche, basiert auf persönlichen Glaubenszeugnissen. Über viele Jahrzehnte hin gingen ihm sogenannte Bekenntnisformeln voraus, in denen einzelne Christen für sich selbst und für ihre Gemeinschaft „auf den Punkt gebracht" hatten, woran sie glaubten und warum sie sich taufen ließen.

Das Credo der Kirche, das heute katholische und evangelische Christen in ihren Sonntagsgottesdiensten sprechen, ist die Frucht persönlicher Glaubenszeugnisse. Es hat seinerseits aber auch viele persönliche Bekenntnisse hervorgebracht: Im Laufe der Jahrhunderte wurden durch diesen Text immer wieder Menschen dazu angeregt, ihren christlichen Glauben mit eigenen Worten zu formulieren, mit Worten ihrer Zeit und auf dem Hintergrund der Fragen und des Denkens ihrer Zeit.

Entgegen einem verbreiteten Missverständnis will das Credo ja nicht einfach nur die Lehre der Kirche festschreiben; es will zum persönlichen Bekenntnis anleiten, es geradezu herausfordern. Das wird daran deutlich, dass es nicht – was naheliegen würde – mit den Worten „Die Kirche glaubt..." oder „Wir glauben ..." beginnt, sondern mit der Verbform der 1. Person Singular: „*Ich* glaube ...", lateinisch: „*Credo* ...". Gleiches gilt für das „Große Glaubensbekenntnis", das im 4. Jahrhundert auf den Konzilien von Nizäa und Konstantinopel von Bischöfen und Theologen verfasst wurde; die Konzilsväter begannen ihren Text ebenfalls mit den Worten „*Credo ... / Ich* glaube ...", obwohl sie in den dann folgenden Sätzen natürlich den Glauben der Kirche zusammenfassten. Beide Bekenntnisse haben zudem in der Originalfassung eine grammatikalische Besonderheit: Sie setzen zwischen das „Credo / Ich glaube" und die jeweilige göttliche Person das Wörtchen „in". Diese Redewendung meint in der lateinischen Sprache nicht: „Ich glaube, dass es Gott (und Jesus Christus und den Heiligen Geist) gibt" –

dann hieße die Formulierung: „Credo Deum" -, sondern: „Ich glaube *zu Gott hin*" oder „Ich glaube Gott *an*". Bedenkt man, dass die Lateiner, wenn sie „credo" sagen, den ursprünglichen Wortsinn „cor do / ich gebe das Herz" mithören, beginnt unser Glaubensbekenntnis also, genauer und sinnentsprechender ins Deutsche übertragen, mit den Worten: „Ich gebe mein Herz (mein Leben, meine Existenz) an Gott hin." Christsein ist mehr als eine religiöse Weltanschauung bejahen und eine Glaubenslehre anerkennen; *glauben* (klein geschrieben) bedeutet, auf die Wirklichkeit setzen, die sich hinter der Vokabel „Gott" verbirgt, und *mit der eigenen, je persönlichen Lebensexistenz* auf die „Hoffnung" bauen, von der der Glaube (groß geschrieben) spricht.

Die Kirche – gleich welcher Konfession – ist dort, wo sie Gemeinschaft im Geist Jesu ist, keine Ansammlung von Uniformierten, die, drastisch gesagt, in zentralistisch verordnetem Gleichschritt marschieren und dabei gebetsmühlenartig von der Obrigkeit verfasste Sprüche wiederholen. Sie ist eine Gemeinschaft von Einzelnen mit je eigener Persönlichkeit und Würde, mit je eigenem, ganz persönlichem Angesprochensein von Jesus Christus und seinem Evangelium. Ihre Glaubenslehre wäre toter Buchstabe, würde sie nicht im Glauben konkreter Menschen mit Leben erfüllt. Ein *lebendiges* Glaubensbekenntnis der Kirche gibt es nur in dem Maße, wie es die vielen *persönlichen* Bekenntnisse der Glaubenden gibt. Gerade von diesen Zeugnissen – nicht nur den schriftlich formulierten natürlich, den wortlos gelebten ebenso! – lebt die Gemeinschaft der Kirche, mehr als von Katechismen und dogmatischen Lehrbüchern, so wichtig diese auch sind; und immer, wenn wir Christen, die „hauptamtlichen" zumal, von denen auch ich einer bin, an unseren angelernten Kirchenvokabeln kleben, besteht der begründete Verdacht, dass es mit unserem „Glauben" nicht weit her ist – ein Verdacht, der heute für viele Zeitgenossen angesichts der Verkündigung, die sie in der Realität der Kirche(n) erleben, leider schon längst eine erwiesene Tatsache ist.

Wie, warum und was glaube *ich*? Was sagt *mir* der christliche Glaube, den das Apostolische Credo der Kirche mit jahrhundertealten Worten zusammenfasst? Worin besteht die *Hoffnung, die mich erfüllt?* Die drei Wochen, in denen ich darüber ausführlich nachdenken konnte, wurden für mich zu einer Art Exerzitien – zur persönlichen, existentiellen Besinnung auf den Glauben, zu dem ich mich als Christ bekenne.

Ohne es zunächst beabsichtigt zu haben, formten sich die Gedanken im Stil einer niedergeschriebenen Meditation, zu Zeileneinheiten, die zum Verweilen, zum Hineinhören, zum Mitmeditieren anregen – nicht, wie ich ursprünglich vorhatte, zu einem Aufsatz oder sogar zu einer Artikelfolge. Der Text wurde mehr Lyrik als Prosa. Ein Glaube, eine „Hoffnung, die mich erfüllt", lässt sich eben nicht nur mit dem Verstand reflektieren, nicht nur für den Verstand weitergegeben. Und es wurde bald ein betender Text – erst so, gebetet, *geglaubt zu Gott hin*, ist es mein Glaube. Will ich nicht nur sagen, *was* ich glaube und *warum* ich glaube, will ich auch sagen, *wie* ich glaube, dann muss ich das Entscheidende dieses Wie preisgeben: die persönliche Ich-Du-Beziehung mit dem geglaubten Gott, die „Poesie" meines Herzens.

Ein Glaube, der allen gehört

Warum ich meinen „Kurerfolg" nun veröffentliche? Ich habe zwei Gründe dafür.

Zum einen möchte ich auch diesmal wieder – ein Grundanliegen meiner Schriften – *glauben teilen.* Als Theologe und Ordenschrist habe ich dank Studium und Lebensform mehr und intensiver Gelegenheit, über den christlichen Glauben nachzudenken, als die meisten meiner Mitmenschen. Was ich dabei erkannt und gefunden habe, möchte ich nicht für mich behalten, ich möchte es teilen, so wie viele andere dies in Vergangenheit und Gegenwart auf ihre Weise auch getan haben. Wenn ich dadurch dem einen oder anderen Leser von dem, was mir selber kostbar geworden ist, ein wenig „abgeben" kann, freue ich mich von Herzen.

Zum anderen – und das ist der *Hauptgrund*, der mich diesmal bewegt, aus den niedergeschriebenen Seiten ein Büchlein zu machen – möchte ich meine Leser und Leserinnen, gleich ob sie Christen sind oder auf anderen Wegen nach dem Sinn ihres Lebens fragen, mit meinen Gedanken dazu anregen, *auch selbst einmal ihr eigenes, ganz persönliches Glaubensbekenntnis zu formulieren* und sich die Hoffnung bewusst zu machen, die sie erfüllt. Man gewinnt, das ist meine Erfahrung, ungeheuer viel dabei ...

Die christliche Hoffnung ist ein Glaube, der *allen* gehört. Das ist mir im Laufe meines Lebens in dem Maße zur innersten Überzeugung geworden, wie er ein Glaube wurde, der *mir* gehört.

Das Apostolische Credo der Christen

Credo in Deum,
Patrem omnipotentem,
Creatorem coeli et terrae.

Et in Iesum Christum,
Filium eius unicum, Dominum nostrum:
qui conceptus est de Spiritu Sancto,
natus ex Maria Virgine,
passus sub Pontio Pilato,
crucifixus, mortuus, et sepultus,
descendit ad inferos,
tertia die resurrexit a mortuis,
ascendit ad coelos;
sedet ad dexteram Dei
Patris omnipotentis;
inde venturus est
iudicare vivos et mortuos.

Credo in Spiritum Sanctum,
sanctam Ecclesiam catholicam,
Sanctorum communionem,
remissionem peccatorum,
carnis resurrectionem,
vitam aeternam.

Amen.

Ich glaube an Gott,
den Vater, den allmächtigen,
den Schöpfer des Himmels und der Erde.

Und an Jesus Christus,
seinen eingeborenen Sohn, unsern Herrn:
empfangen durch den Heiligen Geist,
geboren von der Jungfrau Maria,
gelitten unter Pontius Pilatus,
gekreuzigt, gestorben und begraben,
hinabgestiegen in das Reich des Todes,
am dritten Tage auferstanden von den Toten,
aufgefahren in den Himmel;
er sitzt zur Rechten Gottes,
des allmächtigen Vaters;
von dort wird er kommen,
zu richten die Lebenden und die Toten.

Ich glaube an den Heiligen Geist,
die heilige katholische Kirche,
Gemeinschaft der Heiligen,
Vergebung der Sünden,
Auferstehung der Toten
und das ewige Leben.

Amen.

Ich glaube an Gott

Ich

ein Mensch unter Menschen
einer von fast sechs Milliarden
unserer Art auf dem Erdball
und als Mensch auch ein Christ
einer von ihnen und doch keinem gleich
ich Reinhard
wie ich bis heute geworden bin
ich ganz persönlich

glaube

baue darauf
wie Generationen vor mir seit Menschheitsbeginn
dass ein Sinn ist hinter allem
ein Darum hinter allem Warum
ein Dafür hinter allem Wofür

ich setze darauf
gegen die Leere
die uns umlauert
und gegen die Angst vor der Angst
dass alles ins Nichts fällt
ich baue verwegen
unser Leben darauf
ohne die Sicherheit sicheren Wissens
ich glaube

Blick auf die Altstadt Jerusalems. Der Tempelberg ist Juden, Christen und Moslems gleichermaßen heilig. Sie alle sehen in Abraham (um 1500 v. Chr.), einem „heimatlosen Aramäer" (Dtn 26,5), den „Vater des Glaubens" und bekennen sich, nur unter verschiedenen Namen, zu dem „einen und einzigen Gott".

an Gott

an einen *tragenden Halt*
– gemeinsam mit allen auf diesem Planeten
die Halt suchen
worin auch immer

an eine *alles durchwirkende Kraft*
in und hinter aller Wirklichkeit
– gemeinsam mit allen
die sie erfahren als Fügung oder Schicksal
als Zufall oder Plan
oder wie gedeutet auch immer

an eine *„höhere Macht"*
die größer ist als wir Menschen
größer als alles was wir Welt nennen oder Kosmos
oder „Materie" oder Dasein
die seit Menschengedenken Herz und Verstand an sich zieht
und die Demütigen in Ehrfurcht verstummen lässt
– gemeinsam mit allen
die sie denkend erschließen als Ur-Grund des Seins
oder im Schweigen erahnen als das Große
das Göttliche
das Heilige ...
in welchen Kulturen auch immer

an einen „Jemand" verborgen hinter allem Sein
der „denkt und fühlt" und „Bewusstsein" hat

der mindestens das ist was wir *Person* nennen
... weil der letzte Grund allen Seins
nicht geringer sein kann als das
was das Sein
als für uns erkennbar höchste Daseinsform hervorgebracht hat
und weil meinem Ich und unserem Wir
letzter Halt nur ein Du sein kann
– gemeinsam mit allen
die ihn als großen Geist
als ihre Gottheit verehren
in welchen Religionen der Menschheit und ihrer
Geschichte auch immer

an den „*Ich-bin-da*" (Ex 3,14)
der alle menschlichen Vorstellungen sprengt
und sich nicht fassen und festlegen lässt
in Namen
Bildern
Begriffen und Definitionen
– gemeinsam mit den „Kindern Abrahams"
mit den Juden
den Moslems
den Christen des „Ostens" und des „Westens"
die ihn in ihren Sprachen GOTT nennen
... als letztes Wort vor dem Verstummen ...

an einen Gott – nicht an einen Götzen
menschlicher Projektion
– gemeinsam mit allen
die sich atheistisch nennen

doch offen sind für die immer größere Wahrheit
staunend vor dem Geheimnis des Daseins
empfindsam für die Würde des Lebens
und die sich *befreit* haben
von einem „Gott"
der herhalten soll
für das noch Unerklärliche
der Macht legitimiert
und Krieg und Gewalt
der das Leben vergiftet
mit Verdemütigungen
und Angst ...
der verfügbar ist
und „vor-Handen"
in den Händen der Führer dieser Welt ...

an einen *einzigen Gott*
verehrt unter vielen Namen
in den Religionen und Kulturen der Erde
– gemeinsam mit allen
die Ehrfurcht haben vor der Religion der anderen

ich setze auf die Karte „Gott ist"
ich setze darauf mit Gründen
die letztlich das Herz nur kennt
doch der Verstand gut nachvollzieht
ich glaube an Gott

Reste einer Tempelanlage in der Negev-Wüste (Tell Arad) aus frühjüdischer Zeit (ca. 1000–700 v. Chr.). Eine steinerne Stele (Mazzebe) symbolisiert bildlos JAHWE, den Gott Israels. Rechts daneben steht eine zweite Stele für die Gottheit der kanaanäischen Urbewohner dieser Gegend, wahrscheinlich für die Göttin Aschera. Ein Zeugnis für den langen Weg Israels bis zum Bekenntnis eines einzigen Gottes? Oder ein Zeugnis religiöser Toleranz?

den Vater

an einen Gott
der ein Herz hat
wie eine liebevolle Mutter
wie ein klarsichtiger Vater
wie ein Liebender und wie eine Liebende
... weil der letzte Grund allen Seins
nicht schlechter sein kann als die besten Menschen
die ich kenne
– gemeinsam mit allen
die an das Gute glauben
die der Liebe trauen
und darauf bauen
dass die Liebe das letzte Wort hat ...

ich *glaube hin*
zu diesem GOTT AUS LIEBE
zu diesem väterlich-mütterlichen Gott
ich glaube ihn an
ich glaube an *dich*
Gott ...

ich sage „du, lieber Vater" zu dir
und manchmal auch „ ... ... "
(die Liebe hat Geheimnisse – sie gibt nicht alles zu Papier!)
– gemeinsam mit allen
die dich doch eher „Mutter"
oder „Freund"

oder „Geliebte" nennen möchten
oder dich mit dem schönsten Wort anreden
das sie haben
weil ihnen die Väter und die Über-Väter
in der Familie
in Religion und Gesellschaft
vergällt haben
zu dir „Vater" zu sagen

ich glaube an dich
ja: ich „weiß" in meinem Herzen
dass du da bist
Gott
du Gott der Liebe
ich „weiß" es ohne zu wissen wie ich es weiß
... und würde fromm lügen würde ich sagen
ich weiß es wie man weiß dass zwei und zwei vier ist ...
ich „weiß" es in meinem Herzen ohne zu wissen wie ich es weiß
wie es allen erging und ergeht
die an dich glauben

ich setze mein Leben auf dich
ich vertraue uns dir an
Vater der Liebe
denn ich glaube nicht an

den allmächtigen

der Macht hat zu allem
der alles kann was er will
und – warum dann nicht tut was er kann?

ich glaube an dich
den *ohnmächtigen* Gott
der du nicht alles willst was du kannst
und nicht alles tust worum wir dich bitten
weil du dich gebunden hast
an die Liebe und an die Wahrheit
und an die Freiheit
die du verschenkt hast ...

ich glaube an deine Ohnmacht
auch gegenüber allem Leid
das durch die Freiheit hervorgebracht wird
durch die Freiheit
die du
uns Menschen gegeben hast
wie ebenso den Teilchen der Atome
den Gewalten der Erde
und den Energien im All

ich glaube an dich
den *mit-leidenden (sym-pathischen!)* Gott
den ich anschreien darf
– gemeinsam mit allen
die schreien und deren Schrei in der Qual erstickt:

Blick von der ehemaligen Kreuzfahrerburg Belvoir ins Jordantal. Um diesen strategischen Beobachtungsposten südwestlich vom See Gennesaret kämpften seit alters her Juden und Araber, Griechen und Römer, christliche Kreuzfahrer und islamische Türken. Wie viel Blutvergießen wurde von hier aus ins Land getragen – im Namen Gottes und der Götter...

„Mein Gott, warum?"
... und bin bereit
mit der bedrängenden Frage
nach dem Warum und Wofür
nach dem Sinn all des unsagbaren Leids
zu warten
auf *deine* Antwort zu warten
bis *du* einst antworten wirst vor dem Gericht der Gequälten ...
ich setze – dennoch! –
auf deine *All-Macht der Liebe*
und dass du weißt was du tust ...

ich glaube an dich
den „Allmächtigen" wie die Bibel dieses Wort versteht:
dass kein „Gott" neben dir „Macht" hat über das All
ich glaube an dich
den allein-mächtigen *Vater*

den Schöpfer des Himmels und der Erde

denn ich setze darauf
dass einer da ist
der um das kleine Staubkorn Erde weiß
das in den unvorstellbaren Weiten des Universums
wie verloren seine Bahn um die Sonne zieht

ich setze darauf
wie die Schreiber der ersten Bibelseiten

vor mehr als zweieinhalbtausend Jahren
dass du da bist wo immer „Himmel und Erde" (Gen 1,1) ist
damals so weit das Auge reichte
heute so weit Sonden und Teleskope hinausblicken
in die Tiefen von Raum und Zeit und Unendlichkeit ...

ich vertraue darauf
dass du da warst
als vor fünfzehn Milliarden Jahren mit dem Urknall alles begann
als dann in den Tiefen des Universums
unsere Sonne sich formte
und ihre Planeten
als die erste Spur von Leben entstand (nur auf der Erde?)
und daraus in Jahrmillionen
alles sich bildete was Atem hat
... und vor einem Augenblick nur (und für einen Augenblick nur?)
der Mensch
die Frau und der Mann ...

ich erkenne mit den Augen dieses Glaubens
deine Eva in jeder Frau
und deinen Adam in jedem Mann
und in mir
kostbarer ein jeder als wir selbst von uns denken
schöner
herrlicher als wir voreinander erscheinen
jeder ein Original
– wenn auch zur Kopie gemacht im Laufe des Lebens –
ein Original
von dir erdacht

hinter den Zufällen der Evolution
und der Begegnung von Mutter und Vater
ein Original von deinem Schlage
Gott
das deinen Charakter in sich trägt
„geschaffen nach deinem Bilde" (Gen 1,27)

ich erkenne mit den Augen dieses Glaubens
das Universum als deine Schöpfung
... und aus unserer Um-Welt
wird meine *Mit-Welt*
zu der wir gehören mit den Tieren des Feldes
den Fischen im Meer und den Vögeln des Himmels
mit „Schwester Sonne"
– wie Franziskus einst sang –
und „Bruder Mond" ...
und ich teile die Sorge des Indianers
des Häuptlings Seattle gegenüber dem „weißen Mann"
von dem er sagen muss
er behandle „seine Mutter, die Erde,
und seinen Bruder, den Himmel,
wie Dinge zum Kaufen und Plündern,
zum Verkaufen wie Schafe oder glänzende Perlen.
Sein Hunger wird die Erde verschlingen
und nichts zurücklassen als eine Wüste ..."

ich vertraue darauf
dass du da warst
sollten dem Universum Multiversen vorausgehen
und dass du da sein wirst

Frühling in der Wüste Juda. Angerührt von der Schönheit der Natur dichtete sechs Jahrhunderte vor Jesus einer aus seinem Volk: *„...Dann sprach Gott: Das Land lasse junges Grün wachsen, alle Arten von Pflanzen, die Samen tragen, und von Bäumen, die auf der Erde Früchte bringen mit ihrem Samen darin. So geschah es. Das Land brachte junges Grün hervor, alle Arten von Pflanzen, die Samen tragen, alle Arten von Bäumen, die Früchte bringen mit ihrem Samen darin. Gott sah, dass es gut war...“* (Gen 1,11f).

wenn die Erde erkaltet und die Sonne verglüht ...
ich glaube daran
ich „weiß" es in meinem Herzen ohne zu wissen wie ich es weiß
dass du da bist
verborgen den Sinnen
doch *all-gegenwärtig*
über mir und unter mir
um mich herum und in mir ...
und dass alles was ist
wo immer „Himmel und Erde" ist
in dir sich bewegt
in dir wird und vergeht
in dir ist wie es ist

ich ahne
erspüre
und es leuchtet mir ein
dass alles nur ist
weil du bist

ich weiß und erfahre
– sehr schmerzlich mitunter –
dass allem was entsteht und vergeht
die Vollkommenheit fehlt
und glaube
dass doch alles gut ist
und alles wert ist gefeiert zu werden
Sabbat auf Sabbat
weil alles *durch* dich
und *in* dir ist ...

ich glaube daran
ich vertraue darauf
dass alles
und ich und ein jeder
von Pulsschlag zu Pulsschlag
„erschaffen" wird
fertiggestellt wird
vollendet wird
auf das Bild hin
das du von uns hast ...

ich glaube an dich
den Schöpfer
der nicht aufhört zu schaffen an seiner Welt
– mit uns zusammen –
an unserer Welt

ich glaube an dich
du immer größerer
immer ganz anderer Gott

Und an Jesus Christus

Und an Jesus Christus

ich habe von Kindheit an
von vielen Menschen gelernt
Verstand und Herz zu gebrauchen
und „hinter die Dinge" zu schauen
von den Eltern und von den Nachbarn
von Lehrern und Professoren
von Naturwissenschaftlern und von Theologen
von Philosophen und Poeten
aus der Überlieferung der Alten
aus dem Gedächtnis der Religionen und Kulturen
von Freunden vor allem und von Geliebten
von den Pflanzen und Tieren sogar
und von aller Schöpfung
die in jedem ihrer Teile die Spuren deiner Weisheit trägt ...

– doch die Augen geöffnet
hat mir keiner so wie Jesus
... nachdem ich lernte
seine Stimme zu hören
die Stimme des Juden Jeshua aus Nazaret in Galiläa

... nachdem ich lernte
die Bibel ernst zu nehmen
nicht „wörtlich"
und nach der Aussageabsicht der Menschen von damals zu fragen
die in den neutestamentlichen Schriften
weitersagten
was die Zeitgenossen

Die Höhlen von Qumran. Hier wurden 1947 Fragmente von zahlreichen Schriftrollen gefunden, die eine wertvolle Hilfe geworden sind, um die Lebensweise und die Glaubensauffassungen der Menschen in Israel vor und in der Zeit Jesu besser zu verstehen – und dadurch auch den Sinn der biblischen Aussagen im „Alten“ und im „Neuen“ Testament.

Frauen und Männer und Kinder
die Jesus erlebten
fasziniert
bewegt und berührt
von ihm erzählt hatten

ich bin dankbar
den Sprachforschern
den Historikern und Theologen
die uns helfen den Sinn der alten Texte zu entschlüsseln
den Sinn und die Botschaft hinter den Vokabeln
    einer längst vergangenen Sprache
hinter den Redewendungen und Bildern
und all den „literarischen Arten"
denn seine Stimme
die Stimme des Jeshua aus Nazaret
ist es mir wert
so ursprünglich wie nur möglich gehört zu werden
– gemeinsam mit allen
die berührt sind von seiner Botschaft
und ihre Klarheit suchen
hinter dem erstickenden Dickicht frommer Worte
und damals wie heute
seine „Jünger" sein möchten
„Lernende" – wie Jesus sie wörtlich nannte –
... auch wenn das umdenken heißt – immer wieder –
und nicht aufhören zu lernen ...

seine Stimme in Worten und Taten
die das Fenster aufstößt

frische Luft hereinlässt
in unsere muffigen Behausungen
in die Synagogen damals und in die Kirchen heute
die hinausweist in die Weite
und uns zuruft:
„Das Reich Gottes ist euch nahe ...
es ist schon da
in euch und unter euch ...
denkt um
ändert eure Sicht
und glaubt diesem Evangelium" (Lk 10,9; 17,21)
... und „selig seid ihr Armen
denn euch
gehört das Reich Gottes!" (Lk 6,20)

sein Evangelium
ist auch mir
Reinhard
ein „Eu-angelion"
eine freudige
sinngebende
heilende
aufrichtende
frohmachende Botschaft
geworden
es hat mich gelehrt

– dass der Glaube der Kinder Abrahams
geglaubt sein will – nicht nur gewusst –
um das Leben zu tragen und Erfahrung zu werden

– dass glauben
vertrauen bedeutet
nicht Leistung
und nicht Verdienste-Sammeln
vertrauen und bauen auf eine Liebe
die da ist
wie die Sonne da ist
... ohne erst durch Opfer erworben
oder durch Gebete erbetet werden zu müssen

– dass du
der Gott der Liebe
den Jesus mit „Abba" (Papa!) ansprach
mit dem schönsten Wort
das er hatte
uns so nahe bist
wie die Luft
die wir atmen
und uns nahe bleibst
wenn die Luft uns ausgeht ...

– dass du
deine Sonne scheinen lässt über Arme und Reiche
über Fromme und „Heiden"
über Gelehrte und Ungebildete ...

– dass *du*
die Menschen *nicht* einteilst
in Sünder und Gerechte
in Gute und Böse

In Galiläa am See Gennesaret. Viele Gleichnisse, mit denen Jesus vom „Reich Gottes“ erzählt, werden verständlicher durch das „fünfte Evangelium“, durch das Land, in dem er und seine Zuhörer lebten.

doch mit unbestechlicher Klarsicht die Sünde siehst
und das Böse
das wir (nicht der Teufel)
aus Angst und Verwundung
aus uns selber hervorbringen
und aus den Strukturen
die wir uns geschaffen

– dass ich
etwas wert bin bei dir
unsagbar kostbar für dich
... und ebenso jeder „blöde Emil"
der meine Kreise stört

– dass ich
in deinen Augen
Gott
nicht zuerst der Sünder
sondern der *Geliebte* bin
und bleibe
... und dass du mir aufhelfen willst
wenn ich versage

– dass wir
die Menschen alle
gleich welcher Kultur und welcher Religion
deine *Töchter* und *Söhne* sind
und in dieser „veränderten Sicht"
zu Schwestern und Brüdern werden
rings um den Erdball

– dass es für dich
keinerlei minderwertiges Dasein gibt
und keinerlei verpfuschtes Leben

– dass jede Angst vor dir
jeder Zweifel an deinem Gutsein zu uns
ein Unrecht ist an dir
und an den Menschen

– dass niemand
niemandem mit dir drohen darf

– dass jeder Mensch
zum glauben an dich begabt ist
... selbst der noch
dem diese Begabung aberzogen wurde
mit frömmelnden Reden
und autoritärem Gehabe

– dass sich das Leben verändert
wenn ich darauf setze
dass hinter aller Wirklichkeit
du bist
du
der Gott der Liebe ...

ich erfahre im Hören
auf diese Botschaft
auf die Stimme deines Jeshua
Erlösung

von allem was niederdrückt
und von allen angsteinjagenden Götzen
Befreiung
zu Würde und aufrechtem Gang
Befreiung zum Wahr-Sein
zu klarem Wort in Gesellschaft und Kirche
zur Freiheit in Liebe

ich glaube dieser Botschaft
weil ich ihre Wahrheit
in ihrer *Heilkraft* bestätigt finde
... und weil sie nichts „Neues" bringt
sondern die Augen öffnet
für das was immer schon wahr ist ...

und ich verstehe
dass die ersten
die diese Botschaft hörten
in Jesus deinen „Messias" erkannten
den „Christos" – wie sie auf Griechisch sagten –
den seit Generationen in Israel
erwarteten
ersehnten
„von Gott Gesalbten"
der endlich *Wahrheit* zeigt ...

auch ich
muss auf keinen anderen mehr warten
ich habe in ihm
den Messias gefunden

Ein- und Ausgang der Geburtsbasilika in Bethlehem (1,30 m hoch) – um 1500 so gestaltet, dass die Kirche mit Pferden und Eseln nicht geplündert werden konnte. Heute ist das kleinste Kirchenportal der Welt ein Symbol des Glaubens: Man muss sich „bücken“, um den Messias zu finden; man lernt den „aufrechten Gang“, wenn man ihn gefunden hat.

und in seiner Botschaft
die „Tiefe des Reichtums,
der Weisheit
und der Erkenntnis Gottes" (Röm 11,33)
nirgends sonst ist mir
Größeres
Tieferes
Schöneres
begegnet als in seinen Worten
in seiner Person
– und ich kann Johannes vom Kreuz
meinen Ordensvater sehr gut verstehen:
in der Bibel lesend
geht er am Strand vor der Weite des Meeres spazieren
während seine Brüder wundersüchtig in einer stickigen Kate
den „göttlichen Eingebungen"
einer „Seherin" lauschen ...

ich glaube
mit den ersten Christen
an Jesus den Messias
den Christus

deinen eingeborenen Sohn, unsern Herrn

den einzigen
das „unicum" – so wörtlich im lateinischen Text –
den einzig-geborenen unter allen Menschen

der radikal glaubte was er sagte
der so war wie er redete:
ganz und gar der geliebte Sohn seines Abba
der *einzigartige*
geliebte Sohn
unter all deinen geliebten Söhnen und Töchtern

und mit dem Credo der Kirche nenne ich ihn *„unser Herr"*
wie meine Schwestern und Brüder in den frühchristlichen Gemeinden
die kein Knie mehr beugten vor anderen „Herren"
in den Himmeln droben und auf der Erde unten

ich glaube wie sie
dass er
der dich vorlebte wie keiner sonst
der um dich und deine Wirklichkeit wusste
wie wahrlich ein „Eingeborener" nur darum wissen kann
und der – würdest du
Gott
als Mensch vor uns stehen –
der einzige wäre
der dich repräsentierte
... ich glaube
dass dieser Jesus
„Sohn Gottes" ist im tiefsten Sinne:
dass er zu dir gehört
immer schon und für immer
und dass er „Herr" ist und *Gott*
wie du
und mit dir

das „weiß" ich in meinem Herzen ohne zu wissen wie ich es weiß
... und würde fromm lügen würde ich sagen
ich weiß es wie man weiß dass zwei plus zwei vier ist ...
ich „weiß" es in meinem Herzen ohne zu wissen wie ich es weiß
ohne es mir
geschweige denn anderen
erklären zu können
– wie es allen erging und ergeht
die an ihn glauben
und suchen sie nach Worten so finden sie keine
und bekennen wie Paulus
ohne „Begründung":
„Als aber die Zeit erfüllt war,
sandte Gott seinen Sohn,
geboren von einer Frau
und dem Gesetz unterstellt ..." (Gal 4,4)
oder stammeln in Bildern am ehesten noch
wie Matthäus und Lukas am Ende ihres Jahrhunderts
dass er

empfangen (ist) **vom Heiligen Geist, geboren von der Jungfrau Maria**

– Bilder die sagen:
er kommt von dir
er ist nicht nur die „große Gestalt der Religionsgeschichte"
oder ein Prophet vielleicht
der es so weit gebracht hat wie kein Gottesmann vor ihm
dich zu erkennen

„Als die Zeit erfüllt war, sandte Gott seinen Sohn, geboren von einer Frau und dem Gesetz unterstellt..." (Gal 4,4):
Ein Mensch wie alle Menschen ist Jesus, der „Sohn Gottes", gewesen, sagt Paulus mit diesen Worten in einer der frühesten Schriften des Neuen Testaments (Brief an die Galater, um 56/57) – und als Jude hat er gelebt, „der Thora (= dem Gesetz) unterstellt".

und „was die Welt im Innersten zusammenhält"
nein – diese Bilder sagen:
du Gott selber
bist hier aktiv geworden
in unser menschliches Dasein hinein
... mit ihm
in ihm
durch ihn
den Juden Jeshua aus dem unscheinbaren Nazaret in Galiläa

er ist dein „Sohn"
und du bist sein „Vater"
in tiefstem Sinne
wofür die nicht minder stammelnde Sprache späterer Theologen
die Worte fand:
„... wahrer Gott vom wahren Gott,
eines Wesens mit dem Vater ..." (Großes Credo)

das glaube ich
das „weiß" ich in meinem Herzen ohne zu wissen wie ich es weiß ...
das ist mir *Ge-Wiss-heit* geworden

und die alte Frage
die heute wieder viele Christen bewegt
– und in dieser beschämenden Debatte viele schon nicht mehr! –
ob dieser dein „Sohn"
als Sohn Marias und Josefs
(wie es die Texte der vier Evangelien
– in ihrer Aussageabsicht ernst genommen –
uns nahelegen)

oder „biologisch"-jungfräulich (wie die Christenheit als ganze
   wohl erst im dritten Jahrhundert zu glauben begann)
ein Mensch unter uns Menschen wurde
ist meinem Glauben
sehr unwichtig geworden
... in meinem Herzen
und mit meinem Verstand
traue ich dir Gott freilich
eher den göttlicheren Weg zu:
den *ganz und gar menschlichen Weg*
um Mensch zu werden
ein Mensch „in allem uns gleich,
außer der Sünde" (Konzil von Chalkedon, 451)

ich glaube an Jesus
den Sohn Gottes
ich *glaube zu ihm hin*
ich glaube ihn an
ich glaube an *dich*
Jesus
du Christus ...

ich „weiß"
dass du da bist
wie dein und unser Abba da ist
um mich herum und in mir
über uns und unter uns
ich sage mit den ersten Christen
„*Kyrie – Herr*" zu dir
wie sie zu Gott

ihrem Abba
„Herr" sagten
zu ihm allein und zu dir
... und sage persönlich betend
doch lieber
„Jesus" oder „Jeshua"
und spreche von dir
– mit meiner Ordensmutter Teresa von Ávila –
als dem *„Freund"* statt dem „Herrn"
wie du uns *„Freunde"* genannt hast
und „nicht mehr Knechte" (Joh 15,15) ...

gelitten unter Pontius Pilatus, gekreuzigt, gestorben und begraben

– das ist das sicherste Faktum
um das wir aus deinem menschlichen Lebenslauf wissen
vielfach bezeugt
in den neutestamentlichen Texten
und in einigen Schriften zeitgenössischer Historiker sogar
... wenn auch im einzelnen dunkel bleibt
wie und warum das alles geschah ...

wir wissen nur:
du starbst einen Tod
den damals in den Besatzungsgebieten der Römer
Tausende starben
du starbst einen Tod
der dich entehren

Der „Pilatusstein“ in Caesarea an der Mittelmeerküste, ausgegraben 1961. Die noch gut sichtbare Inschrift enthält in der zweiten und dritten Zeile den Namen „(Pon)tius Pilatus / (Praef)ectus Judae(ae)“ – der archäologische Beleg für die Historizität des Mannes, unter dem Jesus von Nazaret hingerichtet wurde.

und zum gottverlassenen Verbrecher stempeln sollte
in den Augen von Juden
Besatzern und Fremden
du starbst einen qualvollen Tod
... und Tausende starben ihn
– wenn man Qual messen kann –
noch qualvoller als du ...

wir wissen heute:
niemals hätten wir sagen dürfen
„die" Juden hätten deine Hinrichtung betrieben ...
du warst nur einigen wenigen in deinem Volk
wirklich ein Dorn im Auge
und unter den wenigen wohl nur einigen am Tempel
ein Störenfried
ihrer so schön zurechtgemachten „Religion"
ein Ärgernis
das beseitigt werden musste
... wenn nicht gar
– wofür nach heutiger Kenntnis vieles spricht –
Beamte der Römer
dich aus dem Weg schaffen wollten
aus eher politischen Gründen

und wir wissen sehr gut:
wir dürfen nicht (mehr) glauben
du hättest selber ans Kreuz gewollt
– du wolltest leben!
du hast unter Angstschweiß gebetet
dass „dieser Kelch vorübergeht" (Lk 22,39ff)

du wolltest nichts anderes
als deine Botschaft
die Botschaft vom LEBEN
auch am Tempel verkünden
im Zentrum der Religion deines Volkes
sei es gelegen oder ungelegen ...

wir dürfen nicht glauben
– ich glaube es nicht! –
der Gott Abrahams
der „Himmel und Erde" geschaffen
dein Gott
zu dem wir
mit dir
„Abba – lieber Vater" rufen
er
dieser Vater
hätte dein qualvolles Leiden
und deine entehrende Hinrichtung gewollt
als Sühne für unsere Sünden
als Versöhnungsopfer in seinem Zorn über uns Menschen
als stellvertretende Wiedergutmachung menschlicher Vergehen
... so sehr dem Bemühen jüdischer Christen
deinen schockierenden Tod zu verstehen
solche Gedanken nahe lagen:
wir dürfen sie ihnen nicht glauben!
ich kann so nicht glauben
vom Gott ihres Volkes
der dem Isaak-Opfer Einhalt gebietet
von deinem Gott

der „Barmherzigkeit will und nicht Opfer" (Mt 9,13; 12,7)
ich kann nicht glauben
dass dein Kreuzestod notwendig war
um die Welt zu erlösen
... ich glaubte dir auch
und wüsste mich erlöst
wärst du den natürlichen Tod eines Greises gestorben ...
ich glaube deinem Wort
das hat mich befreit und erlöst
und deine Taten
die es bezeugten
ich bin der erlöste
geliebte Sohn
durch dein *Menschsein* als Sohn Gottes
unter uns Menschen

doch es ist so geschehen
es ist sicheres Faktum
dass du gelitten hast unter Pontius Pilatus
und gekreuzigt wurdest in Jerusalem
... und das *bleibt schockierend* für alle Zeiten ...

wir müssen wie deine Jünger
zurückkehren aus der Flucht vor dem Schock
aus der Flucht auch in vorschnelle
noch so gut gemeinte theologische Deutungen
zurück nach Jerusalem
um die Wahrheit zu sehen
dass dich ans Kreuz gebracht hat
was bis heute ans Kreuz bringt:

Auf dem Gelände der Holocaust-Gedenkstätte Yad Vashem in Jerusalem. „Wo ist da Gott?!", soll ein Häftling aufgeschrien haben, als in Auschwitz vor aller Augen ein jüdischer Junge erhängt wurde; und ein anderer rief: „Dort hängt er!"

die Angst
vor dem Unruhestifter
– dem politischen wie dem religiösen –
die Angst
vor der Stimme die ruft:
„Kehrt um und ändert eure Sicht ..." (Mk 1,15)
die Angst
aufgestört zu werden
aus vermeintlichen Sicherheiten von Bräuchen und Lehren
die Angst
vor dem Unbequemen
der Fenster aufstößt in die Wirklichkeit
... und ich kenne diese Angst – um mich herum
und in mir ...

wir müssen zurück nach Jerusalem
um die Wahrheit zu sehen
dass dich ans Kreuz gebracht hat
was bis heute ans Kreuz bringt
so viele Menschen in Gesellschaft und Kirche
... manchmal auch mich ...
und immer wieder aufs neue: dich!

wir müssen zurück nach Jerusalem
um die Wahrheit zu sehen
die einfache Wahrheit
vor aller späteren Deutung:
dass du
in der Qual noch gut denkst von jedem Menschen
von deinen Mördern sogar

gehängt und geschändet noch beten kannst
„Vater, vergib ihnen, sie wissen nicht, was sie tun!" (Lk 23,34)
und dass du an Gott nicht verzweifelst
als der Kelch nicht vorübergeht ...
die einfache Wahrheit
dass er dein Abba-Gott bleibt
in deinem Schrei
im Schrei aller Gequälten
„Mein Gott, warum hast du mich verlassen?" (Mt 27, 46)
und dass du noch als Ausgestoßener
zu Tode Gequälter
der bleibst
der du immer warst:
der Sohn deines Abba
und der Bruder aller seiner Töchter und Söhne
– diese einfache Wahrheit
von der doch auch so missverständliche Worte
wie „Versöhnungsopfer" und „Sühne"
letztlich nur sprechen ...

ich schaue auf dein Kreuz
das *nicht* nötig gewesen wäre
und schockierend bleibt
wie alle Kreuze auf dieser Erde
ich schaue auf *dich*
den Gekreuzigten
der mich erlöst hat zum geliebten Sohn seines Abba
durch seine Worte und seine Taten
durch sein ganzes Menschsein auf Erden
– und *durch die Feuerprobe am Kreuzesgalgen hindurch ...*

ich
Reinhard
den du wie allen
die deine Stimme hören
den aufrechten Gang gelehrt hast
möchte niederknien
vor deinem Kreuz
schockiert bleiben
einfühlend in dich
den gekreuzigten Liebenden
... dankbar für den Kelch
den der Vater *nicht* vorübergehen ließ ...

ich glaube an dich
den gekreuzigten Sohn Gottes
der mit uns

hinabgestiegen (ist) **in das Reich des Todes**

in das Totsein
in das ein jeder geht
nach dem letzten Atemzug
hinab in ein Reich
von dem auch wir nur wissen
was die Menschen deines Volkes schon
durch Jahrhunderte wussten:
dass wir dann tot sind – als ganzer Mensch
an Seele und Leib

Auf dem Gräberfeld im Kidrontal, zwischen Ölberg und Tempelplatz – im *„Reich des Todes"*. Juden sprechen beim Totengedenken das Kaddischgebet: *„Verherrlicht und geheiligt werde der große Name in der Welt, die er nach seinem Willen schuf. Er lasse kommen sein Königreich zu euren Lebzeiten und in euren Tagen und zu Lebzeiten des ganzen Hauses Israel in Eile und in Bälde."* Aus diesen oder ähnlich lautenden Worten formte Jesus einst den Anfang seines Vaterunsers: *„Abba, geheiligt werde dein Name. Dein Reich komme..."*

du starbst einen Tod
wie wir Menschen ihn sterben
denn du warst als Mensch ein Mensch ganz und gar
in allem uns gleich
... bis in den Tod
den ich sterbe
bis in den Tod
den auch die Menschen sterben
die mir lieb sind
bis in den Tod
den „Himmel und Erde" sterben ...

und wenn alte Legenden sagen
du stiegst hinab zu den Toten
um auch ihnen dein Evangelium zu predigen
ja du seist zu ihnen
um sie in das Reich deines Vaters zu holen
sogar bis „in die Hölle gefahren"
so stimme ich zu
denn ja: du suchst die Toten
die tot sind *nach* ihrem Leben
und die tot sind schon *mitten* im Leben
die sich und andern die Hölle bereiten
mitten im Leben
und nach ihrem Leben
du steigst ihnen nach
deinen Schwestern und Brüdern
mit immer demselben Ruf:
„Das Reich Gottes ist euch nahe! (Lk 10,9)
Ändert eure Sicht

und glaubt dieser frohen Botschaft (Mk 1,15)
die lebendig macht ..."

und ich „weiß" in meinem Herzen ohne zu wissen wie ich es weiß:
du bist

am dritten Tage auferstanden von den Toten

aufgestanden vom Totsein
wie man vom Schlafen aufsteht
aufgeweckt von Gott
deinem Vater
wie man aus dem Schlafe geweckt wird
aufgeweckt vom Totsein
und aufgestanden ins Leben hinein
in das Leben
das Gott lebt
das immer war und immer sein wird
in das ewige Leben
das alles umgreift
was wir Raum und Zeit nennen
in das Leben
das DAS LEBEN ist
in das Leben des Abba hinein ...

aufgeweckt „am dritten Tage"
– so sagen laut Paulus (1 Kor 15,3-5) die ersten Christen
und greifen dabei ein Bildwort ihrer jüdischen Bibel auf

in der vor langer Zeit ein Glaubender hoffte:
„Gott gibt uns das Leben zurück,
am dritten Tag richtet er uns wieder auf,
und wir leben vor seinem Angesicht." (Hos 6,2) –
aufgeweckt also *am göttlichen Tag*
der anbricht im Augenblick
da das irdische Licht entschwindet
im Augenblick des Totseins
nicht am Sonntag erst nach dem Karfreitag
am Auferstehungstag im Sterben
den wir feiern wie die frühen Christen
Sonntag für Sonntag

aufgeweckt vom Totsein an Leib und Seele
aufgeweckt hinein in göttliches Sein
in ein Sein *mit Leib und Seele*
„verwandelt" – wie Paulus stammelt –
in den „himmlischen Leib" (1 Kor 15,35ff)
aufgeweckt
du wie du leibst und lebst
du
wirklich du
der Jeshua aus Nazaret
in ganzer Person
nicht aufgelöst in Gott hinein
nein: zu Gott hinzu ...

ich glaube daran
dass du lebst
wirklich lebst

Eucharistiefeier in der Gluthitze der Negev-Wüste, in der Ruine einer Klosterkirche aus dem 4. Jahrhundert (Avdat), die um 614 durch die Perser zerstört wurde. Mit der Gewissheit, dass Gott ihn aufwecken wird zum ewigen Leben, sagt Jesus am Gründonnerstag abend: *„Ich werde nicht mehr von der Frucht des Weinstocks trinken bis zu dem Tag, an dem ich von neuem davon trinke im Reich Gottes"* (Mk 14,25).

... nicht nur wie man sagt
dass Goethe lebt
in seinem Vermächtnis ...

warum ich das glaube?

nicht
wegen Maria aus Magdala
und der Frauen und Männer
die „Erscheinungen" hatten – wie auch immer –
nicht
wegen des leeren Grabes – wovon Paulus
der früheste schreibende Zeuge
nichts schreibt! –
nicht
wegen all der Osterereignisse
mit denen die später schreibenden Evangelisten
– wieder nur stammelnd vor Staunen in Worten und Bildern –
voreinander ihre Gewissheit bekannten:
Jesus lebt – er ist nicht im Totsein geblieben!

ich glaube daran
nur aus einem Grunde
ich glaube
dass du lebst
weil ich dir deinen Gott glaube
deinen Gott
den du „Abba" genannt hast
deinen Gott
von dem du gesagt hast

er sei „ein Gott der Lebenden, nicht der Toten" (Mk 12,26-27)
... und weil ich nicht glauben kann von einem solchen Gott
dass er im Totsein lässt
einfach *ins Nichts fallen lässt*
den er liebt
seinen geliebten Sohn ...
ich glaube
– und ich würde fromm lügen
würde ich sagen es gäbe Beweise –
ich glaube
dass du bei ihm lebst
weil ich nicht anders glauben kann von deinem Gott!

ich kann nur glauben
wie Petrus und die ersten Christen glaubten
wie Maria von Magdala und die anderen Frauen
wie Paulus und seine Gemeinden
die voreinander ihre Gewissheit im Herzen gestanden:
„*Gott* hat ihn aufgeweckt von den Toten!" (1 Kor 15,15 u. ö.)
ich glaube wie sie
ich „weiß" es wie sie in meinem Herzen
und das ist nicht Gewissheit gebaut aus Beweisen
das ist
– wie soll ich das stammeln vor mir und vor andern? –
das ist Gewissheit
die du mir geschenkt hast
... ja ich wage zu sagen: *du* hast mir's „gesagt"
du bist mir „erschienen"
– wie auch immer du damals „erschienen" bist
den trauernden Frauen

den Zwölfen hinter verschlossenen Türen
dem zweifelnden Thomas
dem Paulus auf dem Weg nach Damaskus
und „mehr als fünfhundert Brüdern zugleich" (1 Kor 15,6) ...

und ich bin sicher:
dein Grab ist leer
– selbst wenn dein Leichnam im Grab blieb
wie mein Leichnam im Grab bleiben wird
bis ihn die Erde
Gottes Erde
aus der er geworden
in Erde verwandelt
du bist aufgestanden aus deinem Grab
aufgeweckt von deinem Gott
du bist

aufgefahren in den Himmel

in den Himmel
den „die Himmel der Himmel nicht fassen" (1 Kön 8, 27)
in die allgegenwärtige
Allgegenwart Gottes hinein
die alles umgreift und durchwirkt
was wir „Himmel und Erde" nennen

„aufgefahren" in Gottes Höhe und Tiefe
an jenem göttlichen Tag im Augenblick des Totseins
den wir
– durch die Theologie des Lukas angeregt –

Auf einem Hügel am See Gennesaret, der als „Berg der Seligpreisungen" verehrt wird. Im Matthäusevangelium trägt der auferstandene Christus den Frauen, die zum Grab gekommen waren, auf: *„Geht und sagt meinen Brüdern, sie sollen nach Galiläa gehen, und dort werden sie mich sehen"* (Mt 28,10). Dann schreibt der Evangelist: *„Die elf Jünger gingen nach Galiläa auf den Berg, den Jesus ihnen genannt hatte ... Da trat Jesus auf sie zu und sagte zu ihnen: ... Geht zu allen Völkern, und macht alle Menschen zu meinen Jüngern; tauft sie auf den Namen des Vaters und des Sohnes und des Heiligen Geistes, und lehrt sie, alles zu befolgen, was ich euch geboten habe. Seid gewiss: Ich bin bei euch alle Tage bis zum Ende der Welt"* (Mt 28,16-20).

noch einmal vierzig Tage nach Ostern
als „Himmelfahrt" feiern
Jahr um Jahr

„aufgefahren"
in Gottes verborgene Gegenwart hinein
uns nahe wie die Luft die wir atmen
um uns herum und in uns ...'

sitzend zur Rechten Gottes, des allmächtigen Vaters

bleibst du bei uns bis ans Ende der Zeiten
mit deinem Vater und unserem Vater
ihr Ohnmächtigen
die ihr nicht alles wollt was ihr könnt
und nicht alles tut worum wir euch bitten
weil ihr euch gebunden habt
an die Liebe und an die Wahrheit
und an die Freiheit
die ihr verschenkt habt ...

allmächtig in der Liebe nur und in der Wahrheit
wartet ihr uns entgegen
aus der Verborgenheit eurer Allgegenwart

von dort wirst du kommen zu richten die Lebenden und die Toten

nicht spektakulär unter Donnerschall
und lautem Trompetengeschmetter apokalyptischer Endzeitszenarien
nein – leise
wie du immer kommst
und immer schon da bist
in der Geduld der göttlichen Liebe
wie die Christen der ersten Jahrzehnte schon bald erkannten

du bist schon da
du bist schon gekommen
zu richten die Lebenden
auch heute
auch mich
mit der Stimme deiner Botschaft
die nie mehr verstummt ist
die seit damals
alle Unwahrheit ins Licht der Wahrheit stellt
alles Unrecht ins Licht der Gerechtigkeit
alles Böse ins Licht der Liebe
alle „Menschlichkeiten" ins Licht des Göttlichen
und alle Vergeltung ins Licht deiner Barmherzigkeit ...

du bist gekommen
und *du wirst kommen*
mit der Stimme
die richtet

um geradezurichten – nicht hinzurichten
... wie konnten wir dich nur so missverstehen?! ...
um *wiederherzurichten*
die Opfer des Unrechts geworden sind
und wiederherzurichten die Täter
um *aufzurichten* Opfer und Täter
zu Würde
Freiheit und aufrechtem Gang
um „Himmel und Erde" *in die Richtung auszurichten*
die ihr
dein Vater und du
der Schöpfung gegeben habt

du bist schon da
du bist schon gekommen
und du wirst da sein
du wirst kommen
wenn ich im Augenblick des Totseins
– wie du –
in die Hände deines Vaters falle
in das Feuer seiner Wahrheit
in das Feuer seiner Liebe
das brennen wird
schmerzlich
wenn ich in seine Augen schaue
in deine Augen
in die Augen derer
die in meinen Augen alles waren
und in meinen Augen nichts waren
und in die Augen aller Kreatur ...

Licht und Dunkel im Spiel der Natur sind im Land der Bibel oft zum Hoffnungsbild geworden. Mit Worten aus den Heiligen Schriften des jüdischen Volkes lässt das Lukasevangelium den alt gewordenen Zacharias sagen: *„Unser Gott ist reich an Erbarmen, darum kommt zu uns das strahlende Licht aus der Höhe. Es wird allen leuchten, die in Finsternis sitzen und im Dunkel des Todes..."* (Lk 1,78f).

und das Feuer wird ausbrennen
wegfegen – in einem Moment nur –
was in diesen Augen nicht bestehen kann ...

du wirst da sein wenn wir in eure Hände fallen
du wirst kommen
als der *Gerade-Richter* für Opfer und Täter
und selbst für all die eifrigen Höllenprediger
– nicht als Strafrichter um hinzurichten
zu ewiger Verdammnis und Höllenqual
... du und dein Abba
denen die Hölle eines einzigen Menschen
die Hölle wäre!

du wirst kommen
du wirst da sein mit deinem Gericht
das ich sehnlicher noch ersehne als den Himmel
weil auch in meinem Leben
so viel geradezurichten ist
was ich nicht mehr geraderichten kann
weil so viele aufzurichten sind
die niemand mehr aufrichten kann
– bis ans Ende der Tage nicht! –
du wirst da sein mit dem Gericht deines „barmherzigen Vaters" (Lk 15)
der dem „verlorenen" Sohn entgegenwartet
mit ausgebreiteten Armen
der ihm die schmutzigen Lumpen nimmt
ihn ins Festgewand kleidet
und zum Festmahl führt mit den Seinen
... im Angesicht des „Getreuen"

des armen so eng gewordenen Frommen
der nichts anderes kennt
als auf „Gerechtigkeit" zu pochen ...
du wirst kommen
du wirst da sein wenn die Erde erkaltet und die Sonne verglüht
sollten Kometen vom Himmel fallen
oder sich die Menschheit selbst
ein Endzeitszenarium bereiten
das die Menetekel der Unheilspropheten aller Zeiten
in den Schatten stellt ...
du wirst da sein und kein einziges Bruchstuck
wird woandershin fallen als in die Hände deines Vaters
und ihr werdet richten wie ihr immer richtet
die Lebenden und die Toten
für die neue Welt – wiederhergerichtet und „verwandelt"
aus den Bruchstücken der Welt
die uns anvertraut war ...
und ihr werdet „*das Festmahl richten*
für alle Völker" (Jes 25,6)

das glaube ich
darauf baue ich verwegen
in einer Hoffnung
die mich nicht ruhen lässt
mit euch zu richten
geradezurichten
wiederherzurichten
auszurichten
was *jetzt*
zu richten nur geht ...

Ich glaube an den Heiligen Geist

Ich glaube an den Heiligen Geist

der Kraft und Erkenntnis gibt
im Jetzt zu handeln
und *jetzt schon zu leben*
was dann einmal sein wird

an den heiligen Geist
die göttliche „ruach"
wie du
Jesus
sagst und dein jüdisches Volk
das göttliche „pneuma" im Griechisch der neutestamentlichen Schriften
der göttliche „spiritus" im Kirchenlatein
– ein Wort
weiblich erst
dann sächlich und männlich geworden
das in allen drei Sprachen auch ganz profan
„frische Luft" bedeutet
und „Wehen" – als zärtlicher Hauch und als brausender Sturm
und „Wind" – der den Regen bringt auf das dürre Land
und „Beatmen" – das wiederbelebt was nahe dem Tod ist
oder „Atem" meint
und „Odem" des Lebens

die göttliche ruach
die heilige Kraft
die – so die Autoren der Bibel –
„über der Urflut schwebte"
als aus dem „Tohuwabohu"

Fischerboot auf dem See Gennesaret. Es waren Menschen wie diese Fischer, denen Jesus sagte: *„Der Beistand, der Heilige Geist, den der Vater in meinem Namen senden wird, der wird euch alles lehren und euch an alles erinnern, was ich euch gesagt habe"* (Joh 14,26).

die Ordnung des Kosmos entstand (Gen 1,2)
die aus Hirtenjungen Weise macht
Richter und Könige
Propheten und Lehrer ...
und die der „Odem" ist von allem
was atmet ...

die heilige Geist
die „Kraft des Höchsten" (Lk 1, 35)
aus der du Jesus
Mensch wurdest unter uns Menschen
und die „wie eine Taube" (Mk 1, 10)
– Symbol der Arglosigkeit und der zärtlichen Liebe –
dich zu dem erweckte
der du immer schon bist

die Kraft
die bewirkt
dass Menschen
– damals und heute –
verstehen
was du sagst ...
die heilige Geist
die bewirkt
dass Augen sehen und Ohren hören
was du gezeigt hast:
die Wirklichkeit hinter dem Dasein
die Wahrheit hinter den Buchstaben
die Liebe im Gesetz
das Leben im Tod ...

die Kraft
die bewirkt
dass wir in diesem Verstehen
zu Verwandten mit gleicher Sprache werden
über alle Unterschiede hinweg
von Nation und Kultur
von Konfession und Religion
von Stand und Geschlecht ...

ich glaube an den heiligen Geist
weil ich sehe
höre und spüre
wie die gleiche Kraft
die von dir Jesus
ausgeht
auch heute wirkt ...
die heilige Kraft
die wir feiern
Pfingsttag um Pfingsttag

und ich glaube
dass diese göttliche Kraft
Person ist wie ihr
Vater und Sohn ...

das glaube ich
nicht aufgrund zwingender Argumente
ich „glaubte" es lange Zeit nur „aus Gewohnheit"
und betete „zum Heiligen Geist"
weil man eben unter Christen so betet

bis mir im Beten zu ihm zur Gewissheit wurde
dass er da ist
ansprechbar da ist
wie du Vater da bist
wie du Jesus da bist ...

ich glaube an den Heiligen Geist
wie zwei Menschen aneinander glauben
indem sie einander sich anvertrauen:
ich *glaube zu ihm hin*
ich glaube ihn an
ich glaube an *dich*
du Heiliger Geist
... oder lieber: du Heilige Geist ... ?
und habe damit die Erfahrung gemacht:
du bist da

„irgendwie" musst du wohl da sein
im Ich-zu-Du ...
heute „weiß" ich es in meinem Herzen
ohne zu wissen wie ich es weiß
in der Gewissheit
die auf Erfahrung baut

... und ich lebe mit dir Gott als dem *drei-einen* Gott
mit einem Gott
der *Gemeinschaft* ist
– nicht ein einsam dahinwesendes Wesen –
Gemeinschaft
in der drei eins sind

„...bis hin zum großen Meer, wo die Sonne untergeht“ (Jos 1,4) reichte das kleine Land der biblischen Völkerstämme. Das Meer mit seiner Weite und seinen unergründlichen Tiefen wurde zum Bild für den unfasslichen, unausschöpflichen Gott, und Propheten wie Jesaja (um 730 v. Chr.) und Habakuk (um 600 v. Chr.) sehnten sich danach, dass *„das Land erfüllt ist von der Erkenntnis des Herrn, so wie das Meer mit Wasser gefüllt ist“* (Jes 11,9; Hab 2,14).

eins – nicht 1
einig und eins in der Liebe
die euer tiefstes Wesen ist
du drei-einiger drei-einziger Gott ...
ihr göttlichen Drei
einig und eins in einer Liebe zueinander
in der zwei eins sind in der Liebe zum dritten
und drei eins in der Liebe zu uns
in einer Liebe
die „männlich" und „weiblich" zu lieben vermag
„väterlich" und „mütterlich" zugleich
... und unser patriarchalisches Gottesbild
mit all seinen unseligen Konsequenzen
zum Un-Sinn macht ...

in euch
den *väterlich-mütterlich-göttlichen Drei*
habe ich Heimat gefunden
für meine geschundene Mit-Welt
für die Menschheit in ihren Freuden und Leiden
... mit so vielen seligen Konsequenzen ...

dann muss ich
– gesagt sei's mit Achtung
vor allen Christen
die anders denken –
aus Maria
der Mutter Jesu
der Gottesmutter auf Erden
nicht die Muttergöttin im Himmel machen

aus der Rose von Nazaret
nicht die Neu-Rose von Fatima
sie bleibt mir was sie ist
und die sie war und die sie sein wird:
unsere *Schwester im Glauben* wie die Bibel sie zeichnet
und die *Mutter meines Freundes*
im Himmel und auf Erden
die da ist – verborgen gegenwärtig auch jetzt –
wie und wo ihr da seid
aufgeweckt zum Leben
in ganzer Person „mit Leib und Seele"
uns nahe und mit uns
wie alle Menschen
die uns im Sterben vorausgegangen sind
zu euch ...

ich sehe euren Heiligen Geist
die „Kraft aus der Höhe"
rund um den Globus am Werke
in der großen Menschheitsgemeinschaft
in jeder Regung des Guten
in jedem Sturm der Entrüstung gegen Verdummung und Unrecht
in jedem Aufstand zur Befreiung aus Ketten
in jedem frischen Wind
der Erstarrtes in Bewegung bringt
in jedem Wehen
das Luft macht zum Atmen ...
– die *Kraft drei-einender Liebe*
die in allen Religionen und Kulturen wirkt
und wo immer „Himmel und Erde" ist

ich spüre diesen Geist
die *göttliche Weisheit*
wo immer mich Wahrheit berührt
Wahrheit mich anfragt
Wahrheit mich aufbricht
– in den Schriften eines Johannes vom Kreuz
wie ebenso im Brief einer Ratsuchenden
im Gespräch mit unserem Nachbarn
dem „ungläubigen" Jürgen
oder in den Gedichten zum Beispiel von Eva Strittmatter
einer „DDR-Schriftstellerin"
einer Atheistin noch dazu ...

ich glaube an dich
du *heilige Heiliger Geist*
aus der auch

die heilige katholische Kirche

geboren wurde
die Gemeinschaft in unserer großen Menschengemeinschaft
die um dich Jesus weiß
und um deine Botschaft für „alle Welt" (Mk 16,15)

ich glaube nicht an die Kirche
– das steht nicht im Credo! –
ich glaube an euch
den drei-einzigen Gott
und *dass auch die Kirche das Werk eures Geistes ist*

Tonnenschwere Steinquader in der Süd-West-Ecke der herodianischen Tempelmauer aus der Zeit Jesu. Der unbekannte Autor des Epheserbriefes ruft gegen Ende des 1. Jahrhunderts den Christen in Erinnerung: *„Ihr seid auf das Fundament der Apostel und Propheten gebaut; der Eckstein ist Christus Jesus selbst. Durch ihn wird der ganze Bau zusammengehalten und wächst zu einem heiligen Tempel im Herrn. Durch ihn werdet auch ihr im Geist zu einer Wohnung Gottes erbaut"* (Eph 2,20-22).

die Kirche
Gemeinschaft aus „Kleinen" und „Großen"
in der ein jeder dem andern
Diener und Hirte ist
Lehrer und Hörer zugleich
je nach seinen Gaben des Geistes
mit oder ohne Amt
in gleicher Würde ...

ich erlebe
dass die Kirche aus eurem Geist
katholisch ist im hier gemeinten Sinn des Wortes:
„alle umfassend"
die Christen sind
zu welcher Konfession
– oder auch zu keiner (mehr) –
zu welchem „Stil" das Christsein zu verstehen und zu leben
auch immer sie zählen
alle umfassend
die mit dir Jesus
und aus deiner Botschaft
leben wollen
und die wissen
wie die Kirche des Anfangs
dass ihr Glaube allen Menschen gehört ...

ich erlebe
inmitten der Kirche und ihren Kirchen
wie Menschen in der Kraft eures Geistes
denken

reden und handeln
zu einander finden
einander tragen
sich engagieren in die Welt hinein
aufbrechen zur „Freiheit und Herrlichkeit der Kinder Gottes" (Röm 8,21)
– und ich erlebe es inmitten der Kirche
auch nicht ...

ich leide an der Kirche
an der katholischen
die alle Christen umfasst
und an der römisch-katholischen
zu der ich gehöre
ich leide an der Kirche
– nicht wegen der vielen Menscheleien
sondern weil deine Botschaft
Jesus
mit der du uns gesandt hast „zu allen Völkern" (Mt 28, 19)
deine Botschaft – ein Glaube
der allen gehört –
verstellt wird für die Menschen
verstellt selbst für Christen
durch komplizierte Theologien weit weg von ihrer einfachen Wahrheit
durch geistreiche Geist-lose Worte und leergewordene Bräuche
durch abergläubischen Glaubensersatz
durch vorschnelle Antworten auf offene Fragen
durch lebensfremdes Moralisieren
durch Ausschluss von Sündern – zu „Sündern" Erklärten! –
aus der Mahlgemeinschaft der Sünder
durch Intoleranz gegen Sucher und Andersdenker

durch aufwendige Liturgien
die eure Gegenwart zudecken
formvollendet und rubrikentreu ...
und durch die mangelnde Bereitschaft vor allem
in der Schule zu lernen
in der du
Heiliger Geist
uns *gerade heute* „an alles erinnerst" (Joh 14, 26)
was Jesus uns sagte ...

ich leide an meiner Kirche
und meine Kirche leidet an mir
und ich kann doch nicht anders
als mit ihr unterwegs zu bleiben
zu euch
ihr göttlichen Drei
... weil ich in ihr – trotz allem –
den Hauch und den Sturm eures Geistes erfahre
immer wieder aufs neue zu immer tieferer Wahrheit finde
... und weil mir in der Gemeinschaft der Christen
Menschen am tiefsten zu Freunden wurden
zu Weggefährten im Abenteuer des Lebens
zu Verwandten mit gleicher Sprache
zu Schwestern und Brüdern
– nicht nur dem Namen nach –
und zu Geliebten von Herzen
die in mir
ihren Freund sehen und ihren Weggefährten
den Verwandten mit gleicher Sprache
den Bruder und den Geliebten ...

Vorbereitung zur Eucharistiefeier am Ufer des Sees Gennesaret. „Kirche“ ist dort, wo Menschen zusammenkommen, an den dreieinigen Gott „denken“, sich darin als Freunde erfahren und jetzt schon zu leben versuchen, was am Ziel einmal sein wird.

ich glaube *in* dieser Kirche
die von ihren ersten Jahrzehnten an
heilig und

Gemeinschaft der Heiligen

genannt wird
nicht weil sie heilig wäre
sondern weil auch in ihr
in unserer unheilen
unheiligen Gemeinschaft
die so erschreckend viel Unheil in die Welt gebracht
so verheerend viel Unheiliges verkündet hat
du
der Heilige Geist
die heilende „Kraft aus der Höhe"
wehst und atmest
stürmst und hauchst
Erstarrtes aufbrichst
Dürres mit dem „Wasser des Lebens" tränkst (Offb 22,1.17) ...

ich weiß mich in einer Gemeinschaft
zu der viele gehören
die in der Kraft des Geistes
Heil bringen in ihre kleine Welt
und wie ein „lebendes Evangelium"
Boten *göttlicher Heiligkeit* sind
leise oft
und ohne geehrt zu werden mit Titeln und Orden

und manchmal verkannt und missachtet
und ausgestoßen sogar

und ich weiß mich in Gemeinschaft
mit den Ungezählten
die durch euch
dreieiniger Gott
für immer und vollkommen
heil und heilig geworden sind
geradegerichtet in eurem Gericht:
die uns vorausgingen zu euch
die zu uns gehören
verborgen gegenwärtig
uns nahe sind wie ihr
die mit Namen bekannten
wie Maria und Josef
wie Petrus und Maria Magdalena
und die Christen der ersten Stunde
wie Paulus und die gar nicht so heiligen „Heiligen" seiner Gemeinden
wie Teresa von Ávila und Johannes vom Kreuz
wie Franz von Assisi und der Indianerhäuptling Seattle
und die vielen Unbekannten
seit Menschheitsbeginn
– und alle
die bis vor kurzem noch
wie Asunta und Gottfried und Werner
mit mir lachten und weinten ...

ich weiß mich in einer Gemeinschaft
von *heilig Gewordenen* im Himmel

und *heilig Werdenden* auf Erden
denn ich glaube euch

die Vergebung der Sünden

die Vergebung für alles Unheil
das durch uns
und durch mich
geschah und geschieht

ich glaube euch
eure Vergebung
die die Sünde ächtet
doch den Sünder achtet
Vergebung aus Verstehen – nicht aus „Gnade" von oben herab –
Vergebung um aufzurichten
um zu heilen und heilig zu machen
Vergebung nur mit der einen „Bedingung":
dass ich sie annehme
dass ich euch eure Liebe glaube …

ich glaube euch eure Vergebung
die totale
bedingungslose
heilende Vergebung
weil ich Vergebung in eigener Sünde
erfahren habe durch einige Menschen
Vergebung aus Verstehen
Vergebung um aufzurichten

Mönch einer kleinen Einsiedler-Gemeinschaft auf der Berghöhe Lavra Netova in Galiläa: Einer, dem man den „barmherzigen Vater" glauben kann.

und mir nicht vorstellen kann
dass eure Liebe weniger vermag ...
ich glaube euch
die

Auferstehung der Toten und das ewige Leben

für mich
für alle
die mir lieb sind
für jeden in unserer großen Menschheitsfamilie
und – wenn das auch meine Vorstellungskraft überschreitet –
für alle Kreatur ...

das glaube ich
nicht weil es „die Kirche"
sondern weil es die Sehnsucht mich lehrt
die urgewaltige Sehnsucht in mir
zu leben
ohne Begrenzung
zu leben für immer mit allen
die leben
und mit allem
was lebt und was da ist

das glaube ich
das erhoffe ich
weil mich die Liebe

das kleine bisschen Liebe in mir
nicht kleiner hoffen
und glauben lässt
... weil schon dieses kleine bisschen Liebe
so urgewaltig rebelliert gegen den Tod
gegen meinen Tod nicht zuerst
aber gegen den Tod der anderen
den Tod all der herrlichen „Originale" um mich herum
und gegen den Tod derer vor allem
deren Herz zu meinem Herzen gehört
gegen das Aus-und-vorbei
unseres Du-und-Ich ...
das glaube ich
das erhoffe ich
weil ich sonst das kleine bisschen Liebe
– um den Schmerz über den sicheren Abschied
ertragen zu können
und erträglich zu machen für die Geliebten –
auf Sparflamme halten müsste in mir
inmitten meiner Tage ...

ich glaube euch
das LEBEN auf immer für uns
weil ich an einen Gott nicht glauben kann
dessen Liebe kleiner wäre
als dieses kleine bisschen Liebe in uns
weil ich an einen Gott nicht glauben kann
der nicht rebellierte gegen den Tod
gegen den Tod derer
die einander lieben

gegen den Tod derer
die er liebt ...

ich glaube euch
das LEBEN auf immer für uns
weil es ein paar Menschen gibt
von denen ich mir ganz sicher bin:
sie möchten mich nicht verlieren
ich bin ihnen viel wert
sie haben mich lieb
sie werden großen Schmerz empfinden
wenn ich gestorben bin
... weil es ein paar solcher Menschen gibt
kann ich nicht glauben an einen Gott
der mich hängen ließe im Totsein
mich fallen ließe
nach fünfzig oder neunzig Jahren
ins Nichts hinein:
„das war's mit dir – nun ab ins Vergessen ..."

es ist die Liebe
erst die Liebe
das kleine bisschen Liebe zwischen uns Menschen
das kleine bisschen Urgewalt der Liebe
das mich
– wenigstens ahnend
wenigstens rebellierend gegen den Tod –
„sehend" macht
Jesus
für deinen Gott

Israelischer Winzer mit seinen Kindern im Weinberg. Immer war es die Liebe, die Menschen sehend machte für Gott: *„Hat nicht der Eine uns im Mutterschoß gebildet? ... Von Jugend an hat er wie ein Vater mich großgezogen, vom Mutterschoß an mich geleitet"* (Ijob 31,15.18).

von dem du sagst
er ist „der Gott Abrahams, der Gott Isaaks
und der Gott Jakobs ... Er ist doch nicht ein Gott von Toten,
sondern von Lebenden" (Mk 12,26-27) ...

ich „weiß"
in der urgewaltigen Gewissheit der Liebe:
mein Grab wird leer sein
– wenn auch mein Leichnam im Grab bleibt
bis ihn die Erde
eure Erde
aus der er geworden
zur Erde zurücknimmt –
unsere Gräber werden leer sein
wie dein Grab
Jesus
leer war
... auch das Grab von Eva Strittmatter
der Atheistin
und das Grab meines Nachbarn
des „ungläubigen" Jürgen ...

wir werden aufstehen vom Totsein
wie man vom Schlafen aufsteht
aufgeweckt von euch
dem dreieinigen Gott
wie man aus dem Schlafe geweckt wird
aufgeweckt am „dritten Tage"
am göttlichen Tag
der anbricht im Augenblick

da das irdische Licht entschwindet
am Auferstehungstag im Sterben

aufgeweckt vom Tod an Leib und Seele
aufgeweckt hinein in göttliches Sein
in ein Sein mit *Leib und Seele*
„verwandelt" – wie Paulus stammelt –
in den „himmlischen Leib" (1 Kor 15,35ff)
aufgeweckt ein jeder wie er leibt und lebt
auch ich
wirklich ich
Reinhard
in ganzer Person
nicht aufgelöst in Gott
nein: zu Gott hinzu ...

aufgeweckt vom Totsein
nicht ins Leben die einen
und die anderen ins Gericht
sondern alle
ins Gericht und ins Leben
in euer *Geradegerichtet-Werden zum Leben*
wo wir euch
dreieiniger Gott
und endlich auch wir einander
wir Menschen
die wir uns liebten und die wir uns hassten
„schauen werden von Angesicht zu Angesicht"
in unverhüllter Begegnung
in der Freude an euch

und in der Freude aneinander ...
aufgeweckt nicht zu „ewiger Ruhe"
aufgeweckt ins Abenteuer hinein
in das Leben
das DAS LEBEN ist
in das vollkommene Abenteuer
das ihr mit uns lebt ...

ich lebe dem ewigen Leben entgegen
nein: *ich lebe ewig – ab jetzt ...*
wir leben ewig
unsere Menschheitsgemeinschaft
die Gemeinschaft aller Geschöpfe
in eurer Gemeinschaft
ihr göttlichen Drei ...

das glaube ich
gegen die Angst
dass ins Nichts fällt
was mir kostbar ist
und gegen die Leere
die jeder Abschied
und jede Gewissheit von Abschied erzeugt
das glaube ich
weil mir und meinen Freunden
erst in diesem Glauben
in dieser Hoffnung
das Leben zum LEBEN geworden ist
– und kleingläubiger möchte ich nicht gelebt haben
kleingläubiger kann ich nicht leben ...

Ein jüdisches Brautpaar tanzt mit Freunden und Fremden auf dem Platz vor der Tempelmauer. *Hochzeitsfest* und *Hochzeitsmahl* – für Jesus ein Bild vom Ziel unseres Lebens in Gottes Ewigkeit (Mt 22,1-14; vgl. Apk 19,9).

Amen ...

Amen

– „So ist es"
heißt dieses Wort aus jüdischer Sprache am Schluss des Credo
und dann folgt ein Punkt

ja: so ist es
sage ich
ganz persönlich ich
Reinhard
ein Christ als Mensch unter Menschen
ja: so glaube ich
das ist *die Hoffnung die mich erfüllt*

... nur mit dem Punkt hinter dem Amen
da habe ich Probleme
aus Gründen der Ehrlichkeit ...
denn ich bin
ein Christ als *Mensch* unter Menschen
und darum drängt sich mir manchmal
in „schwacher Stunde"
ein Fragezeichen hinter dem Amen auf
und aus dem „So ist es" wird dann ein „Ist es so?"
... und die Angst ist wieder da
und die Leere
und alles wird eng
und ich werde eng ...
und ich suche auf's Neue
mit der Vernunft des Verstandes
und den Augen des Herzens

Unterwegs in den Fußspuren Jesu. Die Bibel spricht vom Glauben als einem „Weg“ und nennt die Christen *„Anhänger des Weges“* (Apg 9,2).

mit all meiner Kraft
und – oh glückseliger Zweifel! –
finde im Dunkel *noch klarer* das Licht
das einzige Licht das mir bleibt:
das urgewaltige kleine bisschen Liebe ...

und ich baue
vom Licht dieser Liebe geführt
meiner Freunde wegen
meiner Würde wegen
der Schöpfung wegen
auf euch
den dreieinigen Gott
den Gott der Liebe
ihr seid *die Hoffnung die mich erfüllt*
und ich setze
entschieden verwegen
den Punkt –

nein:
ich setze
– weil glauben ein *Weg* ist
und „alle Erkenntnis nur Stückwerk" bleibt (1 Kor 13, 9) –
euretwegen Gott
und unseretwegen
bis alle Hoffnung erfüllt ist
hinter mein Amen
den *offenen*
dreifachen Punkt:
. . .

Literaturhinweise

Aus der Vielzahl der Schriften über das Apostolische Glaubensbekenntnis möchte ich die folgenden drei Bücher besonders weiterempfehlen. Sie erklären das Credo der Christen theologisch kompetent, aufgeschlossen für die Fragen unserer Zeit und in einigermaßen verständlicher Sprache; sie können helfen, das in diesem Büchlein Gelesene zu vertiefen und zu ergänzen und – dann mutig beiseite gelegt – ein persönliches Bekenntnis mit eigenen Worten zu formulieren.

Klaus Hofmeister / Lothar Bauerochse (Hg.), Bekenntnis und Zeitgeist. Das christliche Glaubensbekenntnis neu befragt, Würzburg: Echter, 1997 (198 S.)

Theodor Schneider, Was wir glauben. Eine Auslegung des Apostolischen Glaubensbekenntnisses, Düsseldorf: Patmos Verlag, 1991 (563 S.!)

Medard Kehl SJ, Hinführung zum christlichen Glauben, Mainz: Matthias-Grünewald-Verlag, 1984 (170 S.)

Bildnachweis:

Eagle, Inter Publishing Service (IPS) Ltd., Guilford, Surrey, England: Titelbild (Foto: Jon Arnold)
Bildarchiv der Teresianischen Karmel-Gemeinschaft Birkenwerder: 25, 29, 39, 47, 51, 55, 63, 67, 71, 81, 89, 93, 97, 105
Eberhard Grond, Pirna: 109
Sabina Hiersemann, Leipzig: 33
KNA-Bild, Frankfurt/M.: 43, 59, 101
Mauritius-Bildagentur, Stuttgart: 21

Die Deutsche Bibliothek – CIP-Einheitsaufnahme

Körner, Reinhard:
Glaube, der mich trägt : ein persönliches Bekenntnis ; mit Bildern aus dem Land der Bibel / Reinhard Körner. - Leipzig : Benno-Verl., 2000
ISBN 3-7462-1375-4

ISBN 3-7462-1375-4

Umschlaggestaltung: Ulrike Vetter, Leipzig
Herstellung: Arnold & Domnick, Leipzig
Printed in the Czech Republic